Joshua Clausnitzer

Wer schreibt denn sowas?!

Joshua Clausnitzer

Wer schreibt denn sowas?!

Bibliografische Information der Deutschen Nationalbibliothek: Die Deutsche Nationalbibliothek verzeichnet diese Publikation in der Deutschen Nationalbibliografie; detaillierte bibliografische Daten sind im Internet über dnb.d-nb.de abrufbar.

TWENTYSIX – der Self-Publishing-Verlag
Eine Kooperation zwischen der Verlagsgruppe Random House und BoD – Books on Demand

© 2020 Joshua Clausnitzer

Herstellung und Verlag:

BoD- Books on Demand, Norderstedt

ISBN: 978-3-7407-6962-8

Widmung

Ich widme dieses Buch allen Wörtern und Worten! Sie sind einzigartig und ihnen gehört der Dank/die Inspiration für meine Bücher! Was würden wir bloß ohne die Wörter machen? Sie stecken voller Leidenschaft, sie tauchen in diversen Formen auf und schließlich lässt sich wundervoll mit ihnen „spielen".

Liebe Wörter, ihr seid die Besten!

Das Buch „**Wer schreibt denn sowas?!**" steckt voller Wortspiele, voller Ironie und voller Skurrilität! Der erste Abschnitt befasst sich mit meinen „**Erkenntnissen des Tages**", welche ich regelmäßig bei Facebook veröffentliche. Der zweite Abschnitt umfasst die „**Gedichte**" und der letzte Abschnitt beschäftigt sich mit „**Wer googlet denn sowas?!**"

Ich verzichte, wie immer, bewusst auf ein Inhaltsverzeichnis, da mit dem Lesen an jeglicher Stelle angefangen werden kann!

Ich wünsche Ihnen ganz viel Spaß mit „**Wer schreibt denn sowas?!**"

Besuchen Sie mich auch gerne bei Facebook, unter folgender Adresse:

www.facebook.de/joshclausnitzer

Schreiben Sie mir bei Lob/Kritik/Fragen unter:

Email: **joclausnitzer@aol.de**

Erkenntnisse (Fragen) des Tages:

Wenn Menschen sich fertig machen müssen,
hoffe ich dennoch, dass sie ohne körperliche und geistige
Wunden zum Treffen gelangen!

Etwas übergeben ist noch ein geringes Zeichen der Übelkeit!

An alle Flaschen da draußen: Der Öffner ist ein wahres
Multitalent! Nicht nur könnt ihr aufgrund seiner Fähigkeiten
ordentlich Druck abgeben, nein, er hilft euch auch, dass ihr mal
so richtig aus euch herausgeht!

Um ein bisschen mehr Würze in den Alltag zu bringen, sollte
man, wenn der eigene Name gerufen wird, einfach einmal mit
Vielleicht? Oder **Nein?** Antworten!

Viele Leute sagen **Mega**, wenn sie eine Sache besonders toll
finden... Lasst uns eine Revolution starten und **Giga** oder **Tera**
sagen, wenn wir eine Sache besonders toll finden!

Ich las auf einer Verpackung Folgendes:
Flachgelegt hält es besser... Interessante These!

Ändert man bekannte Phrasen ein wenig, könnten sie so
klingen (insbesondere bei Konfliktsituationen):

Leck mich doch am Bein!

Das geht dich gar nichts aus!

Du Nasenloch!

Auf die Frage „Was geht ab?" antworte ich lässig:

Alles, was locker ist, Raketen, Knöpfe und alles, was nicht haftet!

Auf den Tisch knallen und Auf dem Tisch knallen ist ein kleiner, feiner Unterschied!

Zähne und Kassen können gut oder schlecht gefüllt sein!

Ich bin ein Buch. Ich bin vielseitig.

Ab und zu darf man ruhig einmal ein Blatt vor den Mund nehmen!

Wenn Friseure ihren Job verlieren, sind sie dann haarbeitslos?

Wie funktioniert Gehirnwäsche?
Welches Waschmittel/Pulver ist das Beste?
Wie lange dauert der Waschgang?

Finaler Tipp: Gehirn aufhängen und trocknen lassen!

Wenn jemand auf die falsche/schiefe Bahn gerät, könnte ein Schaffner behilflich sein!

Allerlei und Einerlei sind Zweierlei!

Doppelt hält besser!
Heißt das, man sollte immer neben sich stehen?

Der Social-Media-Tag:

Ich gucke mir das Gesichtsbuch an.
Anschließend wird ordentlich gezwitschert!
Danach begebe ich mich in Meinen-Raum.
Dort führe ich heftige Schnipsen-Gespräche!
Ohne ein Gramm zu verlieren, geht es direkt weiter!
Ich zünde die Flamme der Liebe an und widme mich
der „Großen Suche".

Das Leben ist kein Kinderspiel! UNO, Fangen, Eierlauf sind
den Tränen nahe...

Treffen sich ein optimistischer Skeptiker und ein skeptischer
Optimist. Eins steht fest: Das Treffen wird gut und schlecht!

Der frühe Vogel fängt den Wurm. Aber frisst er ihn auch?

Wer im Glashaus sitzt, sollte sich fragen, wie er dort hin
gekommen ist!

Wenn etwas auf der Kippe steht, herrscht akute Brandgefahr!

Nach einem Pressetermin kann man durchaus platt sein!

Wer zuerst kommt, mahlt zuerst und wer zuerst kommt, malt
zuerst, sind so nah und doch so fern... Jedoch freuen sich alle
Müller und Pinselenthusiasten über diese Phrasen!

Ist mal wieder alles für die Katz', hat sie das, was sie will!

Wenn alles rund läuft, ist es durchaus paradox!

Fernkämpfer sind Beziehungsmuffel! Sie suchen keine Nähe...

Ballons und Träume ähneln sich. Zerplatzen, oft zuhauf!
Steigen sie jedoch auf, nimmt das Schicksal einen guten Lauf!

Beim Möbelrücken, weiß der Möbelrücken stets zu entzücken!
Zerfällt er jedoch in ein Stück, will der Möbelrücken schnell
wieder zurück!

Wer Absätze tragen kann, ist ein starker Typ(ologe)!

Neben der Ebene, sehe ich eben den lebenden Bene, eben den!
Dem geht's bene!

Nachdenken ist nie schlecht! Vor-und Zwischendenken sind
ebenfalls eine Überlegung wert!

Ein Gespräch heutzutage:

Mir ist gestern etwas Furchtbares passiert!
Was denn?
Mein Datenvolumen ist leer gegangen...

Ein Schriftsteller mit dickem Bauch, ist er womöglich der
bessere Kugelschreiber?

Sind Kettenraucher die besten Kunden der Juweliere?

Sind Reimporte und die Reimporte ein und dasselbe?

Ist Laufen gehen realistisch oder paradox?

Sind die Dichtungen den Klempnern genau so gewogen wie
den Poeten?

Es gibt Leute, die sind zuständig!
Es gibt Leute, die sind ständig zu!

Frauen attestieren mir immer wieder:

Aufreißen kann ich! Besonders gut Chipstüten,
Gummibärchen- und Kekspackungen!

Während des alltäglichen „Kampfes" um das Besteck, kam die
folgende Frage auf: „ **Wer gibt zuerst den Löffel ab?**"

Some people like (to) Breakfast! I like (to) Breakslow!

Ja, wirklich! Es gibt Hoffnung!
Dem ein oder anderen dürfte es bekannt vorkommen:

Deutschland Isch Stabil (Junge)!

Momo → Die Unendliche Geschichte

Bei Sprachnachrichten: Memo → Die Unendliche Geschichte

All die Dinge/Sachen, die man nicht erreicht hat, hat man ja in
gewisser Weise auch erreicht! Ist man also erfolgreich
gewesen?

Ein Gespräch von der einen Mutter zu der Anderen:

Lass uns heute doch gemeinsam durchdrehen!

Die andere Mutter erwidert:

Gerne! Unsere Kinder sind wirklich fantastisch, allerdings haben sie doch ab und zu die Schrauben recht locker!

Die beiden Mütter lachen:

Wenn wir beide heute durchdrehen, werden es alle mit Fassung tragen!

Wenn einem alles leicht fällt, dann sollte man sich Sorgen um seine Gesundheit machen!

An alle, die während der Quarantäne glauben durchzudrehen! Nehmt euch ein Beispiel an Akkuschraubern und Schrauben! Sie drehen manchmal oder sogar meist auch durch und tragen es mit (der) Fassung!!!

Klopapier ist Aus, Von und Mit der Rolle!

Liebe Freunde und Freundinnen, denkt immer daran: Während Weihnachten, stets den Wein achten!

Der Beruf des Schriftstellers ist wahrlich interessant, aber wie sieht es eigentlich mit dem Beruf des Schriftlegers, Schriftstehers, Schriftwerfers, Schriftliegers etc. aus?

Wenn 2 Handwerker sich streiten, könnte der eine behaupten: „ **Halt doch endlich 'mal die Fräse!"**

Ein Klassiker lautet: Ich habe meine Nummer verloren, kann ich deine haben?

Wie würde die Person auf folgende Frage reagieren (zu Corona-Zeiten):

Ich habe meine Maske verloren, kann ich deine haben?

Geht das Licht mal wieder aus, hat es vermutlich mehr Soziales/Liebes Leben als man selbst...

Lieber **Energiesparlampe** als **Energiesparschlampe!**

Absagen sind Zusagen des Scheiterns, dementsprechend sind Zusagen Absagen des Scheiterns!

Leute, die sich gerne beschweren, sollten sich vom Wasser fern halten! Es besteht die akute Gefahr, dass sie untergehen!

Wenn jemand behauptet: „**ES** läuft bei dir!"

Dann sollte man sich berechtigte Sorgen machen, dass man von **Pennywise** heimgesucht wird!

Willst du dich mit mir anlegen?
Ja klar! An was denn?

In einige Politiker habe ich vollstes Vertrauen!
Hier ist eine Liste der Dinge, die ich an ihnen besonders wertschätze:

Qual der Wahl

Eisbrecher oder Eisbecher

Frostschutzmittel oder Frustschutzmittel

DAX oder Dachs

Wird man mit Sicherheit sicher heiter?
Mit Sicherheit nicht immer weiter!

Bei manchen Menschen könnten die Steigerungsformen so
lauten:

Gescheit--> Gescheiter--> Gescheitert

Gibt's beim Barbier an der Bar Bier?

Man soll bekanntlich Heute in der Zukunft leben, doch streng
genommen lebt man in der Vergangenheit der Zukunft! Jedoch
lebt man Heute in der Zukunft von Gestern! Also leben wir
Heute doch in der Zukunft?

Egal, was kommen mag, zukünftig wird alles anders!

Jemand, der schlau ist, isst er auch schlau?
Macht ihn das zu einem guten Esser,
gar zu einem Weltverbesserer?

Die meisten Kriminellen sind **2-Armige Banditen!**

Eine Studie hat widerlegt, was sie belegt hat!

Bei gewollter Schwangerschaft, kann aus vollem Herzen/vollem Bauche gerufen werden:

Prägnant pregnant!?

Auf die Frage: „Was steht heute an?" Gibt es verschiedene Antwort-Variationen:

→ Menschen vor einer Achterbahn

→ Menschen im Discounter

→ Politiker, die an Merkel vorbei wollen

→ Menschen in Museen

→ Alles, was nicht absteht

Gedichte

Die Ober-Fliege

Es kommt zu einem denkwürdigen Treffen.
Die Fliege des Obers trifft die Ober-Fliege.
Wie wird das Duell ausgehen?
Ein Gast ordert den Ober heran.
Dieser eilt, so schnell er kann!
In seiner Suppe befindet sich eine Fliege.
Diese macht leider nicht die Biege!
Die Fliege des Obers sitzt trotz der Hektik fest.
Die Fliege, in der Suppe, sitzt trotz der Hektik fest.
„Herr Ober, die Fliege!" Bitte unternehmen Sie etwas!
Der Ober guckt den Gast erstaunt an.
Seine Fliege sitzt doch perfekt, was will der Mann?
Der Gast ist erzürnt, sein Essen sei versaut!
Die Fliege zuckt ein wenig, starrt den Ober an.
Eine Ober-Fliege wie sie, hat es noch nie gegeben!
Sie wird sich nicht von einer blöden Suppe den Tag vermiesen
lassen!
Mit aller Kraft schnellt die Ober-Fliege aus der Suppe heraus!
Der Gast kann sein Glück nicht fassen, endlich ist sie hinaus!
Doch will er eine neue Suppe haben
und sich an keiner ehemals „Fliegenverseuchten" erlaben!
Der Ober ist immer noch auf seine Fliege fokussiert,
bisher hat sich kein Gast über sie echauffiert!
Er versteht die Welt nicht mehr,
da fällt die Ober-Fliege über ihn her!
Ein wahrlich herrlicher Anblick!
Die Ober-Fliege sitzt auf der Ober-Fliege!
Da haben sich zwei gefunden,

etliche Hürden überwunden!
Der Ober blickt fröhlich den Gast an,
dieser verlässt das Restaurant dann!
Die beiden Ober-Fliegen sind verstummt,
war der Gast doch gewiss etwas verdummt!

Spatzentreff

Zum Spatzentreff kommen die Menschen gerne!
Egal ob aus der Nähe oder Ferne!
Hier können sie verweilen,
ruhen, sich nicht beeilen!

Alles ist bunt geschmückt,
das Auge ist entzückt!
Freundlichkeit, Herzlichkeit und Menschlichkeit,
sind hier sehr nah, überhaupt nicht weit!

Auch ich liebe es dort zu sein,
besonders gemütlich und fein!
Kommt alle herein spaziert,
zum Ort, an dem es passiert!

Hier werdet ihr euch wohlfühlen,
hier werdet ihr das Wohl fühlen!
Lasst euch besonders überraschen,
Kaffee trinken und Süßes naschen!

Reime-Marathon

Was ist nur dann klein?

Hass misst pur man kein!

Krass trist Tour-Bann sein!

Nass Mist Schur Mann Bein!

Das bist Dur wann dein?

Spaß hisst Schwur ran Schwein!

Blass List Kur kann mein!

Das Hoffnungs-Los

Mit der Hoffnungslosigkeit erscheint alles hoffnungslos...
Doch dann erscheint ganz plötzlich das Hoffnungs-Los.
Im Leben läuft nicht immer alles gerade.
Das Hoffnungs-Los biegt das gerade!
Wird es in den Händen gehalten,
lässt sich die Hoffnung verwalten!
Für die Hoffnungslosigkeit
ist das Hoffnungs-Los allzeit bereit!
Ehemals hoffnungslose Taten,
leiten an die Hoffnungs-Lose Daten!
Die Hoffnungslosigkeit ist nun beendet,
hat sich das Blatt zur Hoffnung hin gewendet!

Der Egalist

Kennst du das, wenn dir alles egal ist?
Dann weißt du, wer du bist, der Egalist!
Im Leben eine Niete, egal.
Verbrechen begehen, illegal.
Es ist dir egal, sei es auch noch so fatal!
Als Egalist, ist die Stimmung gut und auch trist.
Alles, was legal ist,
alles, was im Regal ist,
könnte dir nicht egaler sein,
du Egalist!
Evangelist?
Ne, Egalist!
Ego-List?
Ne, Egalist!
Ja, Ja, immer wieder ist es dir egal,
weil es dir egal ist!
Idealismus?
Weit gefehlt...
Egalismus,
nun versteht,
egal ist Muss!

Du bist als Egalist egal,
egal ist, was du bist!
Kennst du das, wenn dir alles egal ist?
Dann weißt du, wer du bist, der Egalist!

Bleiche Leiche

Ich erreiche die bleiche Leiche.
Ich kreische, in ihrem Reiche, als ich ihr die Hand reiche!
Die weiche, bleiche Leiche, ziehe ich aus dem Teiche!
Ich schleiche und zieh' ihr Fleische, stelle so die Weiche!
Ich zeichne etwas für die bleiche Leiche...
Weiche bloß nicht von meiner Seite,
du bleiche, weiche Leiche,
so dass dein Fleische ausreiche!

Haarpracht

Mein Kunde kommt, an den Haaren herbei gezogen, an!
Es ist an den Haaren herbei gezogen, er hat nichts an!
Die Situation ist haarsträubend, zum Haare-Raufen!
Sein Starrsinn, ergibt keinen Haar-Sinn!
Haarscharf lasse ich ihn passieren,
ich habe es bejaht, mein Kunde ist ganz schön behaart!
Vom Sparmodus, wechsel ich in den Haar-Modus!
Mit Scharen Haaren kämpfe ich, verliere fast um Haaresbreite!
Die Haarpracht bewahren, ist keine Option!
Nur die Ha(a)rten kommen in den Garten!
Die Haarpracht fällt nun herunter,
der nackte Kunde ist munter!

Verdrehte Welt

Mr. Mark E. Ting und Nick Tech haben eine Mission!
Sie sind auf der Suche nach R. Kent Niss!
Gemeinsam wollen sie Kommunen sezieren!
Oder doch eher kommunizieren?
Mit R. Kent Niss ist das so eine Sache...
Denn er kennt nichts!

Mr. Mark E. Tings Abteilung sucht nach einer Lösung.
Nick Techs Technik unterstützt ihn dabei!
Zusammen zu R. Kent Niss gelangen...
Dafür müssen sie zunächst Erkenntnis erlangen...

Spießrutenlauf

Elefanten hocken im Wartezimmer.
Doktoren lieben Bambus.
Ich stehe unter.
Tragisch ist die Komik!
Häuser verlaufen sich im Garten.
Politiker genießen Demonstrationen.
Ein Hase mahlt Zucker.
Würfel sind blau.
Du liebst Türklinken.
Ewigkeit ist Leere.
Nichts ist Alles!
Servietten tanzen Disco!
Spießer sind aktionsreich.
Lampen scheinen dunkel.
Wir sind Ihr.
Das Wetter schwimmt im Tümpel.
Fliesen werden im Solarium gebräunt.
Schokolade besteht aus Gummibärchen.
Der Fernseher spricht fließend Ägypten.
Musiker sind Mister Gaga.
Liebe suhlt sich im Schlamm.
Gehirnwäschen gibt es im Discount.
Eine Fliege hasst Teppichböden!
Zusammen einsam ist besser als gemeinsam Single!
Besen randalieren in der Kneipe.
Das Gartenhaus zerbricht in Porzellan.
Köpfe gehen.
Ohren sehen.
Kamine drücken sich an Okapis.
Die Lust ist lustlos.

Böden kleben an Decken.
Reime umfassen Straßen.
Eulen sind dumm.
Die Menschheit ist katzenlos.
Hunde sperren Dreiecke ein!
Schals fliegen im Helikopter.
Einfach ist schwer!
Musik springt aus dem Dach.
Papierberge werden Täler.
Wecker ticken anders.
Stifte werden enteignet.
Bauchschmerzen sind toll!
Ängste umarmen Todesboten.
Sie bist Er.
Verrückte werden verrückt.
Zellen teilen sich blank.
Bücher haben Brüste.
Wasser brennt still.
Der Spießrutenlauf endet gemütlich.

Mar-Kuss

Markus verteilt gerne Küsse an Markus.
Zusammen verteilen sie gerne Mar-Küsse.
Am Meer, verteilen die Markusse gerne Mare-Küsse an andere Markusse.
Mark verteilt ebenfalls gerne Küsse. Mark-Küsse sind sehr fein.
Gemeinsam mit anderen Markussen verteilen sie Mark-Küsse.
Nun küsst Markus mit einem Mar-Kuss Mark.
Die Mark-Küsse werden daraufhin von den Markussen empfangen.
Daraufhin gibt Markus einen Mar-Kuss an Mark, am Mare, weiter.
Diesen Mare-Kuss wird er gewiss so schnell nicht vergessen!
Marek bekommt das alles mit und möchte gerne einen Mar-Kuss von Markus.
Der Mar-Kuss wird schnell zum Mare-Kuss, dies gefällt Marek.
Er erwidert mit einem Marek-Kuss!
Dieser verwandelt sich zügig in mehrere Marek-Küsse.
Die vielen Küsse erschüttern das Mark.

Folgende Situation ergibt sich:

Am Meer, verteilen Markusse Mar-Küsse und Mare-Küsse an Mark.
Mark verteilt Mark-Küsse an Markusse und an Marek.
Marek ist durch den Mark-Kuss „Mark-erschüttert" und verteilt Marek-Küsse an sich selbst!
Diese Küsse werden zu Mare-Küssen, welche von den Markussen liebevoll aufgenommen werden!

Folgende Schlüsse lassen sich erkennen:

Zum Schluss, gibt es einen Mar-Kuss.

Schlüsse(l), sind die Mar-Küsse!

Ich bin

Ich bin nicht abgehoben wie ein Flugzeug.
Ich bin bodenständig, wie ein gescheiterter Astronaut.
Ich bin zurück tretend, wie Trumps Gefolge.
Ich bin außer Rand und Band, wie ein Tiger.
Ich bin glücklich wie Happy Socks.
Ich bin verzweifelt, wie ein Mathematiker, der keine Lösung
findet.
Ich bin abgefahren wie Bremsbeläge.
Ich bin dick wie Rick Ross.
Ich bin dünn wie ein Streichholz.
Ich bin chancenlos, wie die AfD.
Ich bin erweitert, wie Pupillen.
Ich bin abgetaucht, wie ein U-Boot.
Ich bin einmalig, wie die Geburt.
Ich bin außer Atem, wie Marathonläufer.
Ich bin gewaltlos, wie Gandhi.
Ich bin stumm, wie ein kaputtes Piano.
Ich bin außergewöhnlich, wie UFOs.
Ich bin normal, wie Du.

Präpositionswechsel

Du gehst auf das Schiff.
Du gehst in das Schiff.
Du gehst zu dem Schiff.
Du gehst unter das Schiff.
Du gehst hinter dem Schiff.
Du gehst durch das Schiff.
Du gehst wider das Schiff.
Du gehst trotz des Schiffes.
Du gehst innerhalb des Schiffes.
Du gehst zugunsten des Schiffes.

Ich komme auf dem Arzt.
Ich komme in dem Arzt.
Ich komme zu dem Arzt.
Ich komme unter dem Arzt.
Ich komme hinter dem Arzt.
Ich komme durch den Arzt.
Ich komme wider des Arztes.
Ich komme trotz des Arztes.
Ich komme innerhalb des Arztes.
Ich komme zugunsten des Arztes.

Wir sind auf.
Wir sind in.
Wir sind zu.
Wir sind unter.
Wir sind hinter.
Wir sind durch.
Wir sind wider.
Wir sind trotz.
Wir sind innerhalb.
Wir sind zugunsten.

Qual, der Wal

Qual, der Wal,
schwimmt durch's Tal.
Indianer entdecken ihn.
Jetzt hängt er am Marterpfahl.
Qual, der Wal,
hat die Qual der Wahl.
Feuermal
oder Kopf kahl!
Qual, der Wal,
is(s)t das Abendmahl!

Die Geschichte des Schrifts-Tellers

Zu Beginn gab es den Schrifts-Teller.
Nach etwas Zeit, fand ihn der Schriftsteller.
Die beiden gingen eine wundervolle Symbiose ein.
Schrifts-Teller und Schriftsteller, ist das nicht fein?

Auf dem Schrifts-Teller wurde geschrieben,
der Schriftsteller hat es geschrieben!
Geschichte(n) wurde geschrieben,
von beiden,
das ist gar nicht übertrieben!

Die beiden fingen an, sich zu lieben.
Durch diverse Schriften getrieben.
Der Schrifts-Teller ward perfekt dekoriert,
hat der Schriftsteller sich nie echauffiert!

Die Geschichte des Schrifts-Tellers geht zu Ende...
Für den Schriftsteller ist dies wahrlich kein Grund zur Blende,
tauchten sie doch beide tief in die Geschichte ein,
konnten stets verbunden sein!

A tight ridge

Life is something.
Is Life some thing?
Life can be about anything.
Any thing in Life can be everything.
Is everything in Life something?
Sometimes, you know,
at any time,
Life is everything.

Good (K)Night, Mr. Knight!

Good (K)Night, Mr. Knight!
Sleep tight, then you will be alright!
This will be a good night, because you are a good knight,
isn't that right?

Your armor wasn't made out of wood,
your armor is just simply good, Mr. Knight!
The night shines bright, so do you, Mr. Knight!

You have a bright future ahead of yourself, Mr. Knight!
Always stay a good knight and always have a good night!
Not only this but do also have another good knight, Mr.
Knight!
With his help, there will always be light!
With his help, your armor will always be light!

Just remember, Mr. Knight,
always sleep tight
and have a good (k)night,
Mr.Knight!

Vergänglichkeit

Ich schrieb: „Ich"

Ich schrieb: „Liebe"

Ich schrieb: „Nicht"

Der Wind blies,

jetzt steht: „Ich"

jetzt steht: „Liebe"

jetzt steht: „Gicht"

Das erscheint mir seltsam,

ich ändere: „Dich"

ich ändere: „Trieb"

ich ändere: „Licht"

Die Kehrmaschine erschien,

festgehalten: „Nicht"

festgehalten: „Lieben"

festgehalten: „Nicht"

Ich habe keine Lust mehr,

also schreibe ich: „Ich"

also schreibe ich: „Liebe"

also schreibe ich: „Dich"

Ich bin glücklich.

Der Wind bläst.

Vergänglichkeit...

Eine windige Angelegenheit

Es stürmt.
Frust türmt.
Wind, nicht zu wenig.
Wut nimmt zu, ledig.

Bin ich schon infiziert?
Was hab' ich fabriziert?
Das Virus verbreitet,
in Menschen geleitet!

Eine windige Angelegenheit,
bin ich doch gar nicht für sie jetzt bereit!
Was soll ich tun?
Kann nicht ruhen!

Es keimt auf.
Ja wirklich, es keimt auf!
Nicht nur der Wind nimmt seinen Lauf...

Was zum Ende bleibt?
Ich weiß es nicht,
ich bin nicht bereit...
Die „Endzeit-Schicht".

Getragen mit dem Wind,
hin, bis zu jedem Kind!
Eine windige Angelegenheit,
Corona und die „Tröpchen" sind bereit!

Das Phantom der Opas

Es versteckt sich ganz geheim,
würdevoll im Altenheim.

Den alten Männern ist es gewogen,
so hat es sie noch niemals belogen.

Findet ein Opa sein Zimmer nicht,
ist das Phantom bereits in der Pflicht.

Es begleitet sie in ihre Träume,
hinfort, lieblich, durch all ihre Räume.

Hat sich ein Opa verliebt in eine nette Dame,
ist die Priorität des Phantoms einzig ihr Name.

Es hilft wo es nur geht,
mit ihnen fällt und steht.

Der Dienst ist heute zu Ende, für das Phantom der Opas,
es wird bestimmt wiederkehren, versteckt hinter den Sofas.

Politiker Namen

Renate Geh-in-den-Knast

Angela Ferkel

Jens Spahnferkel

Jürgen, tritt ihn!

Annegret Krampf-Kartenbauer

Guido Radiowelle

Markus Köder

Horst Schnee-Doofer

Konrad Baden-Hauer

Willy Gewand

Helmut fühlt sich wohl

Richard von Heiz-lecker

Johannes Pfau

Frank knallt er Steine frei her

Heiko Maaslos

Ursula von den Laien

Sarah Wangenecht

Alexander Braunhand

Hubertus Keil

Björn-geh-in-die-Hocke

Frauke Petry Heil

Beatrix von Storchenbiss

Erinnerungen (,die) der Freundschaf(f)t

Liebster Freund,

du hast es geschafft!
Das Wunder vollbracht!

Mit dir bin ich gerne zusammen.
Du hast mir aus Krisen geholfen.
Die Erinnerungen, die strammen!
Aus tiefen Löchern, wie beim Golfen!

Was wäre ich ohne dich?
Ganz definitiv, nicht ich!
Du hast mich begleitet,
sehr gut vorbereitet,
auf die gesamte Reise,
entlang der vielen Gleise,
zum gemeinsamen Ziel!

Dich möchte ich nicht missen,
schon gar nicht erst vermissen.
Bitte bleibe an meiner Seite,
wechsel' nicht zur anderen Seite!

Du bist der Freund,
der Freundschaft,
der Freund,
der Freude schafft,
der Freund,
der gibt und nicht nimmt,

der Freund,
mit dem ich alle Erinnerungen teile,

der Freund, der Wunder vollbringt!

Einmal um die Welt und zurück zur Natur

Natürlich dreht sich alles um die Welt.
Ist es natürlich, dass die Umwelt sich dreht?
In der Natur sehen wir unser Schicksal,
doch, müssten wir uns nicht mehr um sie kümmern,
als sie verkümmern zu lassen?

Zurück zum Natürlichen,
doch durch Klimakatastrophen,
durch den „Klimaheizungsofen",
fällt es uns natürlich schwer!

Mit Hilfe von Pakten,
das Klima takten,
doch übertakten wir nicht stets
unsere Umwelt,
die bald zusammenfällt,
die unser Urteil fällt?

Einmal um die Welt und zurück zur Natur,
das wäre natürlich!
Das wäre natürlich Balsam für die Umwelt,
läge in der Natur,
behielte uns auf der Erde.

Einmal wird es...

Einmal wird es Zukunft sein.
Einmal wird es Trauer sein.
Du bist, was du wirst.
Du wirst, was du bist.

Einmal wird es Zukunft sein.
Mit der Trauer, lass' ich sein.
Ich werde, was ich mir wünsche.
Was ich mir wünsche, zukunftsorientiert.

Zweimal werde ich darüber nachdenken,
welche Folgen die Digitalisierung mit sich bringt.
Die eigene Zukunft werde ich lenken.
Der Klimaschutz stagnieren bleibt und mit sich selber ringt.

Zweimal wird mir bewusst,
habe ich stets gewusst,
es liegt in meiner Hand,
zu schützen, unser Land.

Wird es einmal wirklich so weit kommen,
ein Zustand, in dem wir sind, benommen,
wird es mir einmal mehr klar,
stellt sicher die Zukunft dar.

Es gibt nur einen Weg in die Zukunft.
Würdevoll nach vorne schreiten,
auch Argumente bestreiten.
Gemeinsam stark,
gemeinsam,
mit Vernunft.

Wir stehen im Vordergrund,
bevor der Grund,
uns fragen lässt,
was den Verstand „benässt".

Gibt es in der Zukunft Hass?
Worauf basiert der Verlass?
Sind wir konfrontiert mit Kriegen?
Werden sich Länder bekriegen?

Werden wir mit Sicherheit,
sicher heiter?
Wohl eher nicht,
sind wir selbst in der Pflicht!

Einmal wird es Zukunft sein,
es liegt an uns,
ob schlecht,
ob fein.
Einmal,
wirst du sein,
was du bist.
Einmal,
was du willst,
oder was du vermisst!

Sei mal munter, Monika!

Sei mal munter, Monika!
Spiel mal munter, die Harmonika!

Sei mal leise, ja?
Spiel wenn, in Malaysia!

Spiel mit deinem Mund, Monika!
Spiele nicht mit deinem Haar, Monika!

Die Mundharmonikas,
lassen sich viel besser spielen,
mit einigen munteren Monikas!

Eine neue Band entsteht,
die MunterMonikas!

Ein neues Band entsteht,
mithilfe der Mundharmonikas!

Ein letzter Rat für dich, Monika!
Verfängt sich in deinem Mund
ein Haar,
Monika,
bleib einfach munter,
Monika!

An Stellen

Stell dich nicht so an,
meine Firma ist reich an Stellen!
Ich kann dich gerne anstellen!

Bist du einmal erst angestellt,
hast du dich nicht allzu blöd angestellt!
Andere müssen sich hinten anstellen,
Restriktion an Stellen!

Du sagst, ich habe vieles an Stellen?
Ich sage: Klar! Ich habe Vieles an Stellen!
Dort einen Traktor, dort einen LKW,
dort drüben winkt ein Angestellter!
Du bist bald auch einer,
keiner von den Losern, die sich anstellten!

Anstelle eines Motivationssatzes für dich,
erfreue dich an der Stelle,
auf der Stelle,
das Angebot ist begrenzt an Stellen!

Die Glück(s)Lose

Die Glück Lose,
in der Hand,
die Glückslose.

Sie will glücklich sein,
kauft jeden Glücksschein.
Ein Schein, der trügt,
sie weiter lügt.

Das Glück ist schwer zu fassen,
sie kann nicht wirklich fassen,
was Glück ausmacht,
es strahlend lacht.

Die Glück Lose,
steckt die Glückslose
in ihre Hose.

Der Verkäufer blickt sie an
und kreiert ein Lächeln dann.
Eine wirklich hübsche Frau,
aus seinen Träumen,
genau!

Sie ist erstaunt, die Glück Lose,
hat sie fest umklammert, die Glückslose.

Die SauBären

Die Sau frisst Beeren.
Die Sau frisst Bären.
Aber nur die SauBären!

Frisst die Sau Beeren,
während die Bären säubern?
Die Sau mag Beeren,
aber nur die SauBären!

Die Beeren der Sau,
sind sie
die Bären der Sau?
Aber nur die SauBären!

Treffen die Saubeeren
auf die nicht ganz so sauberen
SauBären,
stellt sich die Frage: „Wer ist der Saubere?"
Nur die SauBären!

Grund ((Ge)setz) lich

Die Würde des Menschen ist unantastbar,
stellt sie jedoch tatsächlich Korrektheit dar?

Freie Entfaltung soll gegeben sein,
für jeden Einzelnen,
ob groß und klein...

Niemand darf wegen seiner Herkunft benachteiligt werden,
viele verurteilen die Flüchtlinge, hassen die „Herden!"

Die Freiheit des Glaubens ist unverletzlich,
gilt das wirklich für alle, für dich und mich?

Die Treue zur Verfassung,
bringt viele aus der Fassung.

Friedliche Demonstrationen sind gewährleistet,
Artikel 8 des Grundgesetzes, die Vernunft leistet.

Alle Deutschen genießen Freizügigkeit
im ganzen Bundesgebiet.
Ist diese Freizügigkeit ernst zu nehmen,
wenn einer vor dir nackt kniet?

Politisch Verfolgte genießen Asylrecht,
da hat unser Grundgesetz sicherlich mit Recht!

Die Bundesrepublik Deutschland
ist ein demokratischer
und sozialer Bundesstaat.

Die Macht des Staatsvolkes (Demos Kratos),
eine wirklich schwierige Gegebenheit.
Weiß das Grundgesetz über sie Bescheid,
ist es genügend gescheit?

Mit Leid

Mitleid errungen.
Mit Leid erzwungen.

Gemeinsam mitleiden.
Erfüllend mit Leiden.

Leider mit Trauer.
Mitleid von Dauer.

Mit Leidenschaften,
die Leiden schafften.

Leider,
mit Leiden,
nichts zu beneiden.

Mit Leid geht es zum Schluss.
Mitleid im Überfluss.

Die Dornen der Zeit

Stechen in der Brust.
Ereignisse umranken.
Aller Zeiten Frust.
Niemals mehr,
sich bedanken!

Digitalisierung frisst.
Die Kapitulation hisst.
Modernisierung schlägt aus.
Überwachung in dem Haus!

Globalisierung, Krone der Dornen.
Die Erderwärmung weiter anspornen.
Geflechte aus der Moderne,
haben die Ranken sehr gerne!

Dunkel

Dunkelheit.
Alle Lichter aus.
Ausgeknipst, willenlos.
Kein Strom, Villen los.

1., 2., 3. Welt.
Zündschnur der Explosionen.
Süd, Nord, Ost, West.
Vertikale, horizontale Entladungen.

Global Overload.
Tyrannen „Überlord".
Menschlichkeit verschluckt.
Dunkelheit.

Von Wegen!

Welche Richtung bevorzugst du?
Nach vorne, zurück, zur Seite?
Ich warne dich: Wir kommen ab von Wegen!
Du lachst und sprichst: Von wegen!

Ich möchte von dir wissen,
ist diese Frage würdig?
Du bist erstaunt, das ist wirklich fragwürdig...

Ich vollende: Gehen wir zu dir oder zu mir?
Du klärst: Zu uns!

Immer wider Rechts!

Rechts, wieder widerlich.
Immer wider Rechts!
Erst recht(s) nichts gelernt!
Immer wider Rechts!

Recht(s)lich gesehen, skandalös!
Immer wider Rechts!
Du has(s)t ja Recht(s)!
Immer wider Rechts!

Womit? Mit Recht!
Immer wider Rechts!

Die Macht des Buchstabens

Humorvoll.
Tumorvoll.

Taufen.
Saufen.

Nackt.
Backt.

Trauen.
Grauen.

Pater.
Kater.

Samen.
Namen.

Gedicht.
Gericht.

Damm.
Darm.

Liebe.
Liege.

Hans.
Hass.

Ergeben.
Erleben.

Zaun.
Zaum.

Maus.
Maut.

Aue.
Aus.

Wörter, Sprich!

Affe zu, Klappe tot!

Wer im Steinhaus sitzt, sollte nicht mit Glas werfen!

Wenn der Dritte sich streitet, freuen sich zwei!

Wer nicht fühlen will, muss hören!

Was du Morgen kannst besorgen, das verschiebe nicht auf heute!

Wer B sagt, muss auch A sagen!

Die Regel bestätigt die Ausnahme!

Es ist noch kein Himmel vom Meister gefallen!

Reden ist Gold, Schweigen ist Silber!

Hunde, die beißen, bellen nicht!

Je schöner die Gäste, desto später der Abend!

Viele Breie verderben die Köche!

Besser gar keine Nase, als eine schiefe!

Wer leiden will, muss schön sein!

Wasser ist dicker als Blut!

Ein Ponyhof ist kein Leben!

Der Wurm fängt den frühen Vogel!

Gott denkt, der Mensch lenkt!

Weile mit Eile!

Wo ein Weg ist, ist auch ein Wille!

Lieber die Taube in der Hand,
als den Spatz auf dem Dach!

Auch ein Korn findet mal ein blindes Huhn!

Die dümmste Kartoffel hat den dicksten Bauern!

Auge um Zahn, Zahn um Auge!

Außen pfui und Innen hui!

Besser nie als spät!

Den Kopf auf den Nagel treffen!

Der Erste nennt immer den Esel!

Das Eis von der Kuh holen!

Erst das Vergnügen, dann die Arbeit!

Jede Seite hat zwei Münzen!

Ein Satz mit Nix: Das war wohl X!

Escape-Rum

Er öffnet sich.
Der Escape-Rum.

Er birgt viele Gefahren.
Hochprozentig.

Wir müssen ihn meistern,
um zu entkommen.
Die Sorgen des Alltags
sind vergessen,
wir müssen uns konzentrieren.

Der Escape-Rum konzentriert sich.
Press Enter
the Escape-Rum!

Die ersten Hürden sind geschafft,
wir sind ziemlich geschafft!

Der Escape-Rum schwindet dahin,
ein schneller Griff
zur Flasche,
er bleibt uns erhalten.

Geleert,
hat er uns gelehrt.

Mit dem Escape-Rum,
geht jede Escape 'rum!

Die Lego-Manie

Das Lego-Zentrum wird errichtet.

Die Lego-Manie beginnt.

Wirklich atemberaubend, dass sich wieder einmal alles um das Lego dreht!

Legoistisch gesehen, soll das genau so sein!

Die Lego-Manie ist das höchste Gut für die Legomanen.

Das Lego-Zentrum wird erweitert.

Die Besucher können nun einen Lego-Trip buchen!

Lego-Fanatiker befinden sich im Lego-Himmel!

Legomanisch werden Lego-Steine bewegt.

Das Lego-Puzzle wird gelöst.

Die Lego-Manie endet nie!

Narrenfreiheit (Maskerade)

Du lässt die Maske fallen?

Wie lieb von dir!

Kümmerst dich ja wie kein Zweiter um die Menschen!

Maske auf, interessiert dich nicht, du zeigst ja gerne dein wahres Gesicht!

„Geh aus meiner Sicht!" rufst du anderen zu...

„Eure Masken stören mich!"

Narren sind alle anderen für dich, du belächelst sie.

Abermals lässt du deine Maskerade fallen.

Deine Sicht der Dinge, gilt für die Anderen nicht!

Lass dir eins gesagt sein, mein Masken-Loser-Maskierter,

Der einzig wahre Narr bist du!

E-Mail der Ehrlichkeit

Sehr gehasster Herr Clausnitzer,

ich hoffe nicht, dass es Ihnen gut geht! Wenn Sie wissen wollen, wie es mir geht, kann ich Ihnen berichten: „Ich kann nur meckern!" Grüßen Sie Ihre Frau von mir, der Abend gestern mit ihr, war einfach traumhaft! Die Scheidung sei auch schon eingereicht, berichtete sie mir! Wie geht es Ihren Kindern Max und Moritz? Hat Max inzwischen einmal eine 5 in der Schule geschrieben? Wie viele 6en sind es gewesen? 20? Hat Moritz inzwischen das Dreirad verlassen, er wird doch bald schon 15! Ist seine Freundesanzahl inzwischen auf 1 gestiegen?

Ich wünsche Ihnen alles Schlechte und verbleibe mit unfreundlichen Grüßen

Nicht Ihr Ernst!

Wer googlet denn sowas?!

Ich habe mir den Spaß erlaubt und wirklich skurrile Fragestellungen bei Google eingegeben. Diese sind mir teils spontan, teils willkürlich, während der Suche, eingefallen!

Bei einigen Fragestellungen hat Google diese „verändert", bzw. keine Antwort erteilt! Daher habe ich mir selbst Antworten ausgedacht, die ich als passend erachte!

Aber genug der Worte, lassen Sie sich überraschen und genießen Sie „ Wer googlet denn sowas?!"

Haben Merkel und Trump Kinder?
→ Google Verweigerung

Meine Antwort: Ganz klar Nein! Trump hat bereits einen kugelförmigen Bauch und möchte dies Angela nicht auch noch antun...

Warum bin ich alleine/Single?

Antwort: Bist du Slipknot Fan? Wenn ja, geh doch mal auf ein Konzert, vielleicht findest du dort Freunde!

Warte einfach noch ein paar Wochen, Monate, Jahre!!! Dann ändert sich bestimmt etwas!

Können Politiker vernünftig sein?

Antwort: Das kann man doch kaum vernünftig erklären!

Bin ich eine Waschmaschine?

Antwort: Leider bist du noch keine Waschmaschine, aber vielleicht wirst du noch eine!

Sind Vögel Menschen?
→ Google Verweigerung

Meine Antwort: Eher unwahrscheinlich. Ich weiß nur, dass viele Menschen einen Vogel haben!

Sind Frauen schlauer als Männer?

Antwort: Vielleicht haben sich die Mädels aus deiner Klasse die Gehirne von ihren Brüdern ausgeliehen!

Sind Männer schlauer als Frauen?

Antwort: Männer dominieren den öffentlichen Diskurs. Nicht, weil sie klüger sind als Frauen. Sie halten sich einfach für schlauer und haben meist weniger Scheu.

Wer hat an der Uhr gedreht?

Antwort: Ist es wirklich schon so spät?

Liegt in der Ruhe die Kraft?

Antwort: Ja, es sei denn, man befindet sich in einem Kernspintomografen!

Warum habe ich Freunde?
→ Google leitet direkt weiter zu: Warum habe ich keine Freunde?

Antwort: Sei einfühlsamer und sage öfter lieber gar nichts!

Wer ist Gott?

Antwort: Gott ist die unangenehmste Gestalt der gesamten Dichtung: Eifersüchtig und auch noch stolz darauf; ein kleinlicher, ungerechter, nachtragender Überwachungsfanatiker, ein rachsüchtiger, blutrünstiger, ethnischer Säuberer, ein frauenfeindlicher, homophober, rassistischer, Kinder und Völker mordender, ekliger, größenwahnsinniger, sadomasochistischer, launisch-boshafter Tyrann.

Bin ich cool?

Antwort: Du bist voll der King!

Was hat Putin, das ich nicht habe?

Meine Antwort: Weniger Haare, Macht, Geld und Vodka!

Ist Englisch besser als Deutsch?

Antwort: I don't know!

Ist meine Freundin schwanger?

Antwort: Die Frage ist immer, was ist Liebe, was ist Begierde und was für Streiche spielt einem das Hirn?

Bin ich dick?

Antwort: Die gute Nachricht für dich, du bist nur fett, mehr nicht!

Bin ich ein Toastbrot?

Antwort: Du bist ein Toastbrot, wie man es haben will! Du bist perfekt und vergiss niemals:

Der Toast sei mit dir!

Leg dich nicht mit einem Brot an, das ist zu schlecht für dich!

Wer bin ich?

Antwort: Du kannst gar nicht wissen, wer du wirklich bist, denn dich gibt es als diese Person gar nicht. Aber beruhige dich, kein Mensch weiß, wer er wirklich ist. Alle halten das Bild, das sie denken, was andere sich von ihnen machen, für sich selbst. Sie denken, sie sind das, was sie denken, das andere von ihnen denken.

Was ist das beste Essen (beim Zocken)?

Antwort: Nimm ne Jacke, mach den Reißverschluss am Rücken zu und tu Popcorn, Chips, was auch immer, in die Kapuze. Sieht zwar erst einmal ziemlich doof aus, wenn dich jemand sieht und du musst vielleicht die Situation erklären, aber ist voll praktisch. Du hast die Hände frei für WASD, Capslock, Space und Maus, oder was auch immer du zocken willst. (Bin jetzt bei mir von Assassins Creed ausgegangen, zocke ich meistens, da mache ich das immer so^^)

Ich weiß jetzt nicht, ob du ein Kerl bist oder ne Frau, aber ich habe noch eine geschlechtsabhängige Variante: Ich klemme mir immer ne Flasche mit Strohhalm is Top^^ Sieht genauso bescheuert aus wie das andere, aber ich hab inzwischen rausgefunden, wie ich meine Zimmertür versperren kann, das solltest du dann auch rausfinden, egal bei welcher Variante xD

Warum lebe ich?

Antwort: Ich muss sagen das dies keine dumme frage ist sondern meist dumme antworten. Es ist schon richtig dass deine eltern sex hatten und du dadurch entstanden bist doch du lebst auch um deine gesellschaftlichen aufgaben zu erfüllen. Allerdings ist die frage schlecht gestellt.

Bin ich eine Gurke?

Antwort: Du bist einfach nur ein Mensch! Wofür hast du hier deine Zeit verschwendet?
Um dich über uns lustig zu machen? Schäm dich!

Was kann ich am besten?

Antwort:

Hier eine Liste der Dinge, die du am besten kannst:

Warum google ich?

Meine Antwort: Damit Google weiß, was ich tue, wenn ich Freizeit habe und mir langweilig ist!